Mit heißem Musenkuss

Vom Anfang
bis zum Schluss

VON

HORST RADKE

Impressum:

Titel: Mit heißem Musenkuss
vom Anfang bis zum Schluss
www.apropos-poesie.de
E-Mail: atelier@apropos-poesie.de

Lektorat: Susanne Radke, Miriam-Celine Radke,
Benjamin Radke

Herstellung und Verlag:
BoD - Books on Demand, Norderstedt

ISBN: 9783734780233

Bibliografische Information der Deutschen
Nationalbibliothek: Die Deutsche Nationalbibliothek
verzeichnet diese Publikation in der Deutschen
Nationalbibliografie; detaillierte bibliografische Daten
sind im Internet über www.dnb.de abrufbar.

Inhaltsverzeichnis

*****

Meiner Familie

Februar 2017

Am Anfang …

… jedes Buches steht,
um was genau im Buch es geht.

In diesem geht es in der Tat
um Energie: „mc²"
präziser noch: Was macht man dann,
falls etwas man nicht weiß und kann?

Dann scheint der Mond; es folgt ihm schon
alsbald die Organisation;
danach ein Exposé zur Mode –
zu Sinn und Zweck und zur Methode.

„Postfaktisch" geht 's im Anschluss weiter,
mit Märchen, grausam, schön und heiter.
Und dann natürlich folgt genau
ein dritter Teil zu Mann und Frau …

… im Hinblick auf den Unterschied,
den kleinen – und was sonst geschieht.
Zum Schluss hin wird es nochmals „knackig" –
der Titel: „Splitter-faser-nackig".

Und insgesamt des Buches Sinn? –
Ein Musenkuss – mit Lustgewinn!

$E = mc^2$

Herr Einstein ist in jedem Land
der Erde heute wohl bekannt.
Doch fuhr er einstmals – lang ist 's her –
durchs Land – genauer sein Chauffeur
war der, der fuhr – an vielen Tagen.

Es galt, die Thesen vorzutragen,
die Einstein sinnend generierte
und nun der Fachwelt präsentierte.
Sein Fahrer war, es stand ihm frei,
bei Einsteins Vortrag meist dabei
und scheute sich, man fuhr im Wagen,
mitnichten, frotzelnd vorzuschlagen:

So oft, wie er den Vortrag hörte,
da könnt' er, ohne dass es störte,
anstelle Einsteins vor ihn tragen,
so gut wie dieser sozusagen.

Auch Einstein hatte viel Humor –
der kommt in besten Kreisen vor –
so nahm er prompt den Vorschlag an.
Beim übernächsten Male dann –
man kannte ihn – heut ungewöhnlich …

… vor Ort vom Bild nicht, noch persönlich –
trat nun der Fahrer ans Katheder –
und Einstein sei er, glaubte jeder.

Zuvor bat jener, Einstein sitze
im Hintergrund – mit Fahrermütze.

Zum Schluss nun, als ein Hörer fragte,
was dieser, jener Term besagte,
und selbst konträre Formeln nannte,
die alle der Chauffeur nicht kannte,
kam dieser dennoch nicht ins Schwitzen
und blieb zunächst gelassen sitzen
und lachte fast den Frager aus –
erstaunt, dass man in diesem Haus
so etwas frage – primitiv
sei doch die Antwort. Beinah schief
vor Lachen trat er höchst entspannt
erneut ans Pult. Es sei frappant:

Die Antwort wisse, sprach er schlau,
sogar sein Fahrer ganz genau,
und bat nun den, mit Fahrermütze,
nach vorne an des Hörsaals Spitze.

Der „Fahrer", Einstein, nahm sodann
sich der und mehr der Fragen an,
wobei es viele irritierte,
dass derart ein Chauffeur brillierte.

Herr Einstein nahm das gern in Kauf
und klärte erst zum Schluss sie auf,
wobei vergnügt er wohl goutierte,
wie schön sein Fahrer sie düpierte. –

Das Fazit: „Wissen lässt sich missen –
man muss sich nur zu helfen wissen!"

Lunaticly

Vollmond! - Wenn der Ablauf ‚klappt‘,
wird der Mond ab jetzt verknappt,
jeden Tag ein Stückchen mehr.
Schließlich scheint er gar nicht mehr …

… dient er doch der Sonne Licht
nun als Lichtreflektor nicht.
Kurz danach jedoch: „Hurra!“
ist die Sichel wieder da …

… die erneut uns nachts beehrt –
gleichsam nur mehr umgekehrt –
nimmt sie zu von Tag zu Tag –
was der Mensch bei sich nicht mag.

Doch beim Mond, da wirkt ’s gesund,
wird er langsam kugelrund.
Bis zum Vollmond. – Dann, wenn ’s klappt,
wird er wiederum verknappt …

… dient er doch der Sonne Licht
wiederum als Spiegel nicht.
Kurz darauf – Moment mal – – – ja,
stimmt, da war ’n wir doch schon da.

Macht nichts, denn der Mond zieht heiter
rund – im Schwund – am Himmel weiter,
falls er nicht zur halben Nacht
einmal auf die Erde kracht.

Kommt er der denn in die Quere?
Ja – was durchaus möglich wäre. –
Wann genau wird das dann sein?
Nicht vor zwei, drei Gläsern Wein.

Organisation

Ein Vater sprach zu seinem Sohn:
„Mein Sohn, das Thema kennst Du schon,
doch lass' es uns mal reflektieren
und dabei redlich respektieren:
Es ist ein Stück weit kompliziert,
so dass man 's kaum sogleich kapiert."

„Dann hat 's wohl", sprach der Knabe nun,
„mit ,Organisation' zu tun?!" –
„Genau! Damit man schaffen kann,
erfordert 's mehr als einen Mann,
denn den allein ja braucht man schon
zur Arbeits-Orga-nisa-tion.

Die konzipiert und garantiert,
dass der, der schafft, das auch ,kapiert',
sowie, dass jemand mit Bedacht,
dann prüft, ob der das richtig macht.
Und hat der's prima hinbekommen,
so wird 's von jemand abgenommen,
der 's im Detail protokolliert
und das Ergebnis präsentiert –
und zwar zunächst dem Gruppenleiter.

Der leitet es dann zügig weiter
zum Mitarbeiter vom Controlling.
Der listet auf es jeweils ‚rolling‘
soll heißen, laufend, und gewichtet,
was bald darauf der Vorstand sichtet,
der knapp beschließt: ‚So weit, so gut!‘

Doch wähnt er, nichts es ‚bringen tut‘
und meint er, alles sei zu teuer,
bestimmt er, dass man jemand feuer’.
Wer das genau nun letztlich sei,
entscheide der am besten frei,
der ’s linienseitig überblick’!

Und folglich geht der Weg zurück,
als erstes, nunmehr rückwärts ‚rolling‘
zum Mitarbeiter vom Controlling.
Und dieser leitet ’s ‚Passt schon!‘ weiter
zur Kenntnis an den Gruppenleiter,
der selbst nun den, der ihm berichtet,
beauftragt, dass er alles sichtet.

Schon kriegt es der, der ’s abgenommen.
Und hat es dieser erst bekommen,
so gibt er ’s dem, der mit Bedacht,
den Mann, der schaffte, überwacht …

… und der an den, der kontrollierte,
dass der das auch genau kapierte.
Und danach geht's, wir wissen's schon,
zur Arbeits-Orga-nisa-tion.

Die reicht es durch ans Personal-
büro, wo jeweils je Quartal
es gilt, ob mit, ob ohne Leiden,
die Frage sachlich zu entscheiden,
wer jeweils nach der ‚Feuer-Frist'
zum Monatsschluss zu feuern ist.

Das ist mitunter dann der Mann,
der wirklich etwas weiß und kann
und der exakt die Arbeit machte,
so wie 's die Firmenleitung dachte." –

„Ja ist denn so was noch gescheit?"
„Nun ja, so ist 's halt, tut mir leid.
Nur eins ist völlig klar wohl schon:
Das alles braucht … !"

*****

Mode & Methode

Praktisch – ohne Scheu gesehen -
könnte man ja nackig gehen,
wenn die Sonne wärmend scheint,
falls man 's zu genießen meint.

Doch zum einen ist es halt
hierzulande oft zu kalt
und aus Gründen der Moral
scheint es auch nicht ganz egal.

Folglich muss man Kleidung tragen
praktisch an den meisten Tagen,
die uns wärmt und derart nützt,
dass sie uns vor Spannern schützt.

„Schön! Soll das schon alles sein?"
Nun, die Antwort lautet: „Nein!"
schließlich geht 's doch auch um Mode –
und die Mode hat Methode.

Was auch „fetzt", ob Stoff, ob Strick,
immer gilt nur das als chic,
was die Modemacher machen,
die sich dann ins Fäustchen lachen.

Eben noch der letzte Schrei,
ist die Mode rasch vorbei
und es taugen ihre Güter
allenfalls als Ladenhüter.

Folglich mit der Mode gehen
muss man. Bestens angesehen
ist man, folgt man stets dem Wandel.
Das erfreut den Modehandel.

Kunden müssen nämlich kaufen,
können wenig nur verschnaufen,
droht doch schon die nächste Mode.
Ganz schön clever – die Methode!

*****

Postfaktisch …

Postfaktisch heißt, das ist das Tolle,
die Fakten spielen keine Rolle.
Man muss nur ständig die Parolen
so schlicht wie möglich wiederholen,
bis jeder das am Ende glaubte,
was früher ihm den Glauben raubte.
So folgen, liebe Knuddelbärchen –
pardon, für Sie, liebe Leserin, lieber Leser –
nun Märchen.

Schneewittchen

Des Königs Tochter, wunderbar
sah schön sie aus. – So weit, so klar –
am Anfang! Später dann lief 's schief –
der Grund: Ein Tic der Mutter, Stief-,
denn diese wollte stets allein
die schönste Frau im Lande sein.

Oh nein! – Oh, doch! Und sie empörte,
des Mädchens Schönheit, weil sie störte,
dass stets der Spiegel, den sie fragte,
von Stund an stets dasselbe sagte:
„Schneewittchen ist die Schönste hier
und tausendfach so schön wie ihr."
Mal ehrlich, welche schöne Frau
hört solche Sprüche gern? – Genau!

Nach kurzer Zeit stand drum der Sinn
nach Meuchelei der Königin.
Beim ersten Anlauf nun versagte
der Jäger, der das Kind verjagte,
stattdessen, dass er um es brachte,
wie glauben er 's die Herrin machte.
Doch schon beim nächsten Spiegelblick
flog auf der Taschenspielertrick.

Da sprach bei sich die Königin:
„So 'n Mist, dann muss ich selbst da hin,
zum Tatort in den sieben Bergen,
zum Mädchen bei den sieben Zwergen!"
(Das hatte sie, so war 's gewesen,
im Spiegel eben erst gelesen).

Gesagt, getan, sie traf dort ein.
Und klappt 's sogleich? Nicht wirklich, nein!
Beim zweiten Mal: Auch da noch nicht –
das meldet auch der Spiegel schlicht.
Ein Apfelbiss – beim dritten Mal –,
der führte dann jedoch zur Qual,
denn wie 's da lag, im Abendrot,
da schien Schneewittchen mausetot,
dieweil die Frucht, wir wissen 's, klar,
zur Hälfte ganz vergiftet war.

Ein Sarg aus Glas, der wurde bald
hinaus gestellt, bewacht, im Wald
von Zwergen, Elfen, lieben Tieren.
Ein Königssohn fuhr dort spazieren.
Er fand den Anblick wundervoll,
so schrieb er gleich ins Protokoll,
der Sarkophag müsst' seiner sein, …

… in seinem Schloss, platziert als Schrein,
auf dass das Mädchen immerdar,
zwar tot, wie schien 's, doch sichtbar war.

So rief man einen Spediteur,
nur dem passierte ein Malheur:
Der Sarg fiel hin, so dass es krachte.
Jedoch, wie toll, der Aufprall brachte
das Gift vom Apfel ganz hervor,
was Grund des „Todes" war zuvor.
Schneewittchen ward sogleich gesund
und flugs bereit zum Ehebund,
mit Königs – weil ja bei den Zwergen,
da ging 's mit Vorrang ums Verbergen.

Und nun begann erst recht der Spaß:
Die Mutter, der sie nicht vergaß,
dass die ihr fies ans Leben wollte,
weshalb sie ihr noch heftig grollte,
die musst' in glühend Schuhen tanzen,
den Tag, die Nacht, den Tag, den ganzen.
Sie tat 's, geriet in Atemnot,
fiel um, verstarb – und blieb auch tot. –

Und die Moral von der Geschicht'?
Mit Schönheit übertreib' man 's nicht!

Tischlein deck' Dich!

Die Märchen zielen auf die Jugend
von drei bis hundert. Bosheit, Tugend,
sie sind 's, die miteinander ringen.
Das Ziel: den Kampf zum Ende bringen.

Uns allen ist natürlich klar,
wer immer der Gewinner war,
dieweil ja stets das Gute siegt,
dieweil es stets die Kurve kriegt.

Na schön, ich denk, dann schätzen wir,
genauso ist der Fall auch hier:
Ein Bauer hatte einen Sohn,
den zweiten, und den dritten schon.

Um alle, fehlte auch das Geld,
war 's stimmungsmäßig gut bestellt.
Und doch – der Mangel führte hier
zum Fakt: Es gab allein ein Tier …

… und dieses, wenn ich richtig liege,
war eine ziemlich fiese Ziege.
Der Sohn, er zog mit ihr hinaus,
die Ziege schwärmte grasend aus …

… bis sie sich satt gefuttert hat,
und sprach, gefragt: „Ich mag kein Blatt!"
Doch jedes Mal war 's dann der Fall –
sie war zurück im Ziegenstall –
dass sie dem Bauern, der sie fragte,
konträr – „postfaktisch" lügend – sagte:

„Wie sollte ich denn satt wohl sein,
ich sprang nur über Stock und Stein,
und gerade er, dein lieber Sohn,
der ist ein wahres Früchtchen schon."
Man glaubt es nicht, doch war es so.

Geschah 's auch so bei Nummer zwo,
dem zweiten Sohn, wie auch dem dritten?
Exakt! So sehr sie 's auch bestritten,
so blieb der Bauer stur wie „doof"
und jagte alle drei vom Hof.

Doch bald schon sah er 's selber ein,
die Ziege war ein „mieses Schwein",
weil die, als er sie selbst befragte,
auch ihm den selben Unsinn sagte.

Da jagte er auch sie vom Hof
und fand sich selbst nun reichlich doof.

Die Söhne aber kamen heiter
in puncto Job und Lehre weiter.
Und da sie bestens reüssierten,
sie alle guten Lohn kassierten:

Ein „Tischlein-deck-dich" – bat man 's fein,
so deckt' es sich mit Speisen ein,
mit Früchten, Wein und Bratenschmaus –
als Tischler kam Sohn eins nach Haus.

Sohn zwei, ein Müller, kam von Wesel.
Sein Lohn: ein Golddukatenesel.
Man nannte dem ein Codewort hold,
schon kackte Münzen er aus Gold –
und sollte jemand sich genieren,
so konnt' er sie auch defäkieren.

Der dritte, Drechsler, hier im Bund,
der drechselte die Hölzer rund.
Sein Lohn: ein Sack, darin nicht viel,
doch kommt sein Inhalt bald ins Spiel.

Sohn eins und zwei, was sie bekommen
als Lohn, ward ihnen abgenommen –
sie hatten jeweils Rast gemacht –
von üblen Wirten über Nacht …

… wobei die, als den Lohn sie rafften,
Ersatz zum Täuschungszweck beschafften.
So kehrten nun die drei zum Glück
des Bauern eines Tags zurück.

Als dieser drauf zum Feste lud,
da lief die Sache gar nicht gut.
Die Gäste schauten dumm sich an
und raunten: „Der verkohlt uns, Mann!"
Denn all der Leute angesichts
passierte nichts und nichts und nichts –
ward Tisch und Tier doch ausgewechselt.

Sohn drei, sein Knüppel, gut gedrechselt,
des Sackes Inhalt – sprach man: „Zack!"
so sprang er prügelnd aus dem Sack,
was selbst man hoch zu schätzen weiß,
macht andern man die Hölle heiß –
der eilte zu den Wirten hin,
allein den Rücktausch fest im Sinn.

Die Wirte, zwischenzeitlich reich,
die schlug der Knüppel windelweich.
Und kaum nach Haus zurückgekehrt,
mit Tier und Tisch, wie jüngst begehrt,
da lud erneut man ein zum Feste …

und diesmal lief es auf das Beste.
Man speiste wohl, erhielt noch Gold –
und lautstark wurde Dank gezollt. –
Und die Moral von der Geschicht'?
Wer „googelt", findet den Bericht!

*****

Fundevogel

In Märchen geht es manchmal schlicht
um Sachen – nein – die glaubt man nicht,
wie etwa dieses: Tief im Wald,
da fand ein Förster, mittelalt,
des schönen Tages vor ein Kind.

„Verlaufen", denkt man sich geschwind –
doch falsch! Im weichen Grase schlief
am Fuß des Baumes lang und tief
des Kindes Mutter. Und das kleine,
das Kind von eben, das ich meine,
das stieg hinauf am Baume munter
und kam nicht mehr alleine runter.

Wer selber Kinder hat, der weiß,
die machen manchmal solchen Unsinn.

Der Förster nun, ein braver Mann –
so dacht' ich erst – den Baum hinan
gestiegen, kam er bald zurück
und legte dann zu beider Glück
das Kindlein auf der Mutter Schoß,
so denkt man 's doch, auch ich erst bloß?!
Doch weit gefehlt. Der miese Mann,
dass einer so was machen kann …

… entfernte sich mit raschem Schritt
und nahm dabei das Kind gleich mit,
derweil die Frau noch, war 's auch Tag
in Morpheus Armen schlummernd lag.

Was war der Grund, wie ging 's der Frau?
Das weiß man heut nicht mehr genau –
es gibt dazu kaum Literatur –
so weiß man, was man liest, halt nur.

Die Lage war nun dergestalt:
Der Förster wohnte tief im Wald;
er hatte selber auch ein Kind –
im selben Alter. Kinder sind
nur selten wirklich gern allein,
das konnt' auch hier nicht anders sein,
und was dann letztlich aus nicht blieb:
Sie hatten sich von Herzen lieb.

So weit so gut, und ein Gedicht
wär' 's derart – doch das war 's noch nicht!
Im Hause wohnte nämlich Hanne,
so hieß sie, und mit voller Kanne
kam eines Tages sie vom Born,
vom Brunnen, und begann von vorn,
nachdem das Wasser aus der Kanne
sie eingoss in die große Wanne …

… und sah es gleichsam an als Soll,
stets nachzufüllen. Als dann voll
der Bottich war, gestand den Zweck
des Ganzen sie zum großen Schreck
des Försters Kindes: Darin kochen
würd' sie das andre Kind. Zerbrochen
war die Illusion
des Kindes, denn wer ahnt denn schon
dass eine Amme wie die Hanne
so Schlimmes plante „volle Kanne".

Des Försters Kind nichts übrig blieb –
es hatte ja das andre lieb –
als dem die Fakten zu erzählen.
Als Ausweg blieb nur eins zu wählen:
die Flucht! – Zunächst gelang die gut,
doch Hanne schickte, voller Wut
den beiden drei der Knechte nach,
zu denen sie vorab noch sprach:
„Ihr bringt die beiden mir zurück,
sonst ist es aus mit eurem Glück!"
So klar nun dieser Auftrag war,
so kamen doch die drei nicht klar,
dieweil die Kinder sehr geschickt –
sie hatten jene kaum erblickt –
gezielt entschlossen klar gehandelt …

… flugs hatten, und sich selbst verwandelt:
Ins Röschen und den Rosenstrauch,
in Kirch' und deren Krone auch,
und dann ins Entchen und den See.
Die Hanne, diese fiese Fee –
Grund eins und zwei ward ihr genannt –
die hatte gleich die Tricks erkannt …

… und kam beim letzten Mal, dem dritten,
höchstselbst mit. Zu des Sees Mitten
zog nun ein Kind – das Entchen – sie,
und wenn auch Hanne schrecklich schrie,
so wurd' sie, selber kaum beglückt,
vom Entchen unters Nass gedrückt …

… und gab im weiteren Verlauf
ihr Leben dank Apnoen auf.
So weit, so schlecht. Man fragt und spricht:
„Weshalb, warum?" – Man weiß es nicht!
Die Hanne war vermutlich schlicht
wie auch der Förster „nicht ganz dicht". –
Jedoch wer dächte, dass ich mogel' –
das Mär gibt 's wirklich: „Fundevogel!"

Es war einmal …

… zum Glück nicht hier –
ein hochbetagtes Trampeltier,
das hatte, gleichsam über Nacht,
zum Chef des Landes man gemacht.
Es trug, dass ich es kurz erwähne,
am Haupte eine blonde Mähne,
die sah so seltsam komisch aus,
dass Manche(r) fand, es sei ein Graus.

Es hatte wenig Sachverstand
und dennoch ganz die Macht im Land.
Warum? Es hatte mies gehetzt,
wer Anstand hat, der war entsetzt,
und wähnte: „So was geht doch nie,
der Mann, der schießt sich selbst ins Knie!"

Doch falsch! Es war so vielen bange,
so dachten die nun nach nicht lange,
und wählten, wie ich 's hier erzähl',
zum Präsidenten ein Kamel.
„Das darf doch wohl nicht möglich sein,
wirft hier vielleicht empört man ein."
Wie wahr, auch ich wär' wirklich froh,
es stimmte nicht, doch ist es so.

Es sprach: „Das Land liegt eh' in Schutt,
so mach' ich alles auch kaputt,
was jener Mann zustande brachte,
der kürzlich meinen Job noch machte.

Ich zahl' auch weiter keine Steuern,
weil die mein Leben bloß verteuern,
und sag', dass ich als Milliardär
der Freund der armen Leute wär'.
Das klingt zwar mächtig überzogen –
und unter uns: Es ist gelogen –
doch Manche(r) gern an Märchen glaubt,
sofern die Angst die Sinne raubt.

Und allen Staaten mach ich klar,
mein Land steht vorn, ist wunderbar,
weil ich, da liegt der Sinn darin,
als Trampeltier der Größte bin.
Und wen ich hier nicht haben will,
der ist zunächst mal bitte still,
und weist er sich korrekt nicht aus,
so wirft die Polizei ihn 'raus.
Und möchte wer ins Land hinein,
so sollte der kein Muslim sein.

Und wer nicht hier die Autos baut,
dem wird das Business flugs versaut.
Mein Militär, das mach' ich groß!
Wie meinen: ‚Wer bezahlt das bloß?' –
Wer ist es denn bisher gewesen?
So soll 's auch bleiben: Die Chinesen!

Und mein Programm heißt wie genau?
Exakt: Die ‚Trampel–Supershow!'
Und tüchtig werd' ich zum Entsetzen
der braven Leute weiter hetzen,
die Atmosphäre hübsch vergiften
und Stress und Streit und Ärger stiften,
und sagen, alles sei die Schuld
der andern Leute – mangels Huld.

Doch wer mir gleicht, den sprech' ich an,
die Putin, Orbán, Erdogan.
So kam bereits schon, by the way,
die coole Brexit-Lady May.

Und kommt mir krumm wer von der Presse,
dann kriegt der gleich eins auf die Nase.
Natürlich interessiert 's mich nicht,
welch Urteil manch ein Richter spricht,
den wünsch' ich ins „Nirwania". –
Ein Gruß aus Egomania!"

Und noch ein Horror-Märchen

Schon mancher Mann war Präsident
der USA. Wen jede(r) kennt:
die Herren – bitte einen Tusch:
Obama, Donald Trump und Bush.

Die standen, längst verstorben schon,
am jüngsten Tag vorm Richterthron,
doch fragte Gott nicht nach den Sünden –
er wüsst' nur gern, wofür sie stünden.

George Bush, er war als erster dran,
fing irritiert zu stottern an
und sprach, die Antwort gäb' es schon:
„Den freien Handel, die Nation …

… der USA, und deren Stärke" –
er ging auch gern mit Krieg zu Werke.
Da sprach der Herr: Ich kenne dich,
doch setz' Dich erst mal neben mich.

Obama kam als zweiter dran
und sprach, er glaube fest daran,
an Frieden, sei 's auch um die Welt
durch Gier und Armut schlecht bestellt.

„Du bist", hob da der Schöpfer an,
„für wahr ein wirklich braver Mann
und Lob und Preis gebühren Dir –
nimm Platz, mein Sohn, verweile hier!"

Obama tat es sehr bescheiden,
und jeder Engel mocht' ihn leiden.

„Und nun zuallerletzt zu Dir,
mein Lügenfreund, so sage mir,
bevor Du jeden Nerv mir raubst,
an was, sofern Du glaubtest, glaubst."

Da sprach der Don: „Du sprichst zu mir,
dem Donald Trump, als höchstem hier.
Und deshalb – mach' mal einen Satz –
ich glaub, Du sitzt auf meinem Platz." –

Da meinte Gott: „Dein Platz, reell,
ist ganz woanders! Go to hell!"

*****

Der kleine Unterschied

Frau und Mann sind unterschiedlich,
schon der „kleine" – sei er ‚niedlich'
oder mächtig – Mann und Frau
trennt bereits der Körperbau.
Blickt man hinter ihre Stirn,
gilt dasselbe fürs Gehirn:
Männer denken strukturierter –
„glaubt" Mann – Frauen komplizierter,
mehr an 's Ganze und komplex
und nicht so oft wie Mann an Sex.

Mann muss deshalb früh beginnen,
will er „ihre" Gunst gewinnen,
muss sie smart, galant verwöhnen,
zärtlich sein, in sanften Tönen
schwärmend ihre Reize preisen,
ein sie laden, fein zu speisen –
und ein Glas von gutem Wein
sollte auch von Vorteil sein.

„Mann" dagegen – jederzeit
steht er zum Kontakt bereit,
ist er noch ein wilder Wolf
und nicht grad erschöpft vom Golf.

Will sich Frau mit ihm vereinen,
braucht sie bloß ihm nur erscheinen.
Männer „denken" visuell,
und sie reagieren schnell.

Mehr in puncto Unterschied
gibt es, wenn man weiter sieht.
Männer mögen manchmal lügen,
dass sich fast die Balken biegen,
doch die Frau, sie findet 's raus,
trat der Mann nur ein ins Haus,
ist für sie doch sein Gesicht
eines, das in Bänden spricht.
Mancher schwindelt deshalb schon
möglichst nur am Telefon. –

Möchte Frau „sein Lügen toppen",
nimmt den Mann sie mit zum „Shoppen".
Schaut erst hier, betrachtet 's nah,
prüft es dann im Spiegel: „Ja!! … !?! … ???"

Legt 's zurück und zieht sich um,
fragt: „Du willst schon geh'n? – Warum?" –
Denn das nächste Modehaus
ließe sie nur ungern aus.
Drei Boutiquen: „Guuuut – dann zwei!" …

… lägen auf dem Weg dabei.
Doch zunächst noch bräucht' sie Ruhe
für den Einkauf neuer Schuhe.

„Mann", denkt Mann dann, „Mann, oh Mann",
weil er 's „echt nicht fassen kann!"
Brauchte er mal neue Teile –
kleidungsmäßig– dann in Eile
anprobiert: „Sieht prima aus!"
„Zack!" – bezahlt, und: „Nichts wie 'raus!"
Denn der Mann, von Haus aus Jäger,
taugt nicht recht zum Tütenträger.

Frauen parken schlechter ein?
„Weit gefehlt – und echt gemein!"
Kartenlesen? Gut, vielleicht
hätte Mann das Ziel erreicht,
während Frau die Karte dreht
und ein Stück vor Rätseln steht.

Wüsste Mann die Route nicht,
säh' er 's dennoch an als Pflicht,
unbeirrt die Fahrt zu wagen,
ohne nach dem Weg zu fragen –
schließlich ist er kompetent,
gleich, wie oft er sich „verrennt".

Männer halten sich für tüchtig,
nehmen gern sich mal zu wichtig,
manchmal auch den Mund zu voll,
finden 's aber selten toll,
wenn die Frauen zum Erzählen
sie als Auditoren wählen. –

Nun, ich denke diesen Falles
war das nicht an Fakten alles,
an Klischees, die so genau
feil hält man zu Mann und Frau. –
Dennoch endet hier das „Lied".
„Auf den kleinen Unterschied!"

*****

Zwei Freunde ...

Zwei Freunde, kürzlich ist 's geschehen,
sie hatten lang sich nicht gesehen.
Der eine wollte nach Bahrain,
der andre traf aus Hongkong ein –
er war, es war ihm anzuseh'n –
am Outfit – Flugzeugkapitän.
Sie kannten sich seit Ewigkeiten
und schwärmten flugs von alten Zeiten.

Schon strebten sie zu einer Bar,
die nahebei gelegen war.
„Wie geht 's Dir denn, was machst Du so?
Du bist doch Chef von Soundso",
so sprach der Flieger, dann mit Spott,
„Ihr jobbt doch für Aeroflot." –
„Inzwischen auch für Emirates
und auch für Bill und Linda Gates.
Die Leute brauchen das Know-how
von uns zum Thema Datenklau."

So ging der Smalltalk hin und her.
„Und weißt Du noch?" „Und was macht der?"
Man schwenkte zeitlich weit zurück
zum ersten zarten Liebesglück.

„Ach ja, die süßen kleinen Mädchen
bei uns im süßen kleinen Städtchen."

„Und heut, mal ehrlich, apropos,
wie läuft 's in Sachen Sex denn so?" –
„Sehr gut", fuhr da der Flieger fort,
an praktisch jedem Airportort
verzehrt sich eine heiße Braut,
die ganz auf meine Liebe baut." –
„Schon klar, dass ein Pilot als Mann
auch gut bei Damen landen kann." –

„Und Du – wie schaut 's bei Dir da aus?" –
„Nun ja, ich wohn' bei mir zuhaus'
geraume Zeit schon mit zwei Schwestern."
Der Chefpilot fing an zu lästern:
„Zwei Schwestern? Ja – und Sex gibt 's
keinen!?"
„Wieso? Es sind doch nicht die meinen!"

*****

Und nochmals ...

Und nochmals ist es so geschehen,
zwei Freunde und ein Wiedersehen.
Der eine war recht prominent
als Wissenschaftler und Dozent.
Und dennoch gab er sich bescheiden,
und jeder mochte gern ihn leiden.

So fragte er den Andern nun,
was ihm obläg', im Job zu tun,
er lebe doch in Libyen –
mit „i", und nicht in „Lybien"! *

Genau, und ihm erzähl' er gern,
dass manchem manches er entfern',
was in der Folge dazu führte,
dass diesen gern man engagierte,
als Haremswächter, auf die Massen
der Haremsdamen aufzupassen,
und das ein ganzes Leben lang
und gänzlich ohne Liebesdrang.

* Das muss man aber allem Anschein nach nicht
wissen, wenn man Kanzlerin oder Bundespräsident
werden will – oder NachrichtensprecherIn bei der
Tagesschau.

Der Wissenschaftler, irritiert,
zugleich jedoch auch interessiert,
der meinte, dass er gern verstehe,
wie dieser Vorgang vor sich gehe,
und ob er 's ihm erklären könne,
so dass er selbst ein Bild gewönne.

„Durchaus! Das Ganze geht recht schnell:
Man nimmt dazu ein Stuhlgestell,
nur ohne Sitz, und im Verlauf
des Vorgangs setzt der Mann sich drauf,
der Haremswächter werden will,
mit nacktem Po, und hält dann still.

Ich trenne drauf am Körper knapp
gezielt nun jene Teile ab,
die quasi frei im Raume hängen,
auf dass sie ihn nicht mehr bedrängen –
das macht sich beinah von alleine –
mithilfe zweier Ziegelsteine."

Der Wissenschaftler rief: „Oh je,
das tut doch sicher furchtbar weh!"
Im Grunde nicht, nur höchstens dann,
sofern man Blut nicht sehen kann
und deshalb richtig hin nicht schaut
und voll sich auf die Daumen haut.

Schichtwechsel

Als er aus dem Fenster schaute,
sah er, dass der Morgen graute,
folglich hatte er die Nacht
schaffend im Büro verbracht.
Eben trat die Gattin ein,
ins Kontor und stöhnte: „Nein!
Arbeit! Und die Ehepflicht,
fauler Kerl, erfüllst Du nicht."
Arg betreten schaut' er auf,
doch im weiteren Verlauf,
da er ihr ins Antlitz sah,
kamen sie einander nah,
und sie fingen gleichsam schlicht
mit der ersten Tagesschicht
als ein Team aus Frau und Mann
pflichtbewusst zu schaffen an,
und sie hatten sehr viel Spaß
bei der Arbeit: „Venus, Mars!"
hieß hier wohl das Grundprinzip,
das sie an zum Handeln trieb,
was dem Paar viel Freude machte.
Mittag ward 's – die Sonne lachte.

Als junger Mensch …

… mag jeder Mann
so oft er will und darf und kann
und oftmals ohne auszuruh'n
der Liebsten gerne Gutes tun.
Das hört im späteren Verlauf
des Ehealltags zwar nicht auf,
doch mancher Gatte bringt dann schlicht –
zumindest aus der Gattin Sicht –
in puncto Ehegattenpflicht
in Deckung „Soll und Ist-Stand" nicht.
So bleiben diesen Falls der Frau
an Möglichkeiten zwei genau.
Die erste: Dass sie 's akzeptiert
und ihren Anspruch reduziert.
Die zweite wäre eher dann,
sie schaut die Zeilen oben an
und zieht daraus für sich den Schluss,
dass sich ihr Mann verjüngen muss,
und geht das Thema zügig an. –
Was rät dem Mann man? Halt Dich ran!

*****

Splitter-faser-nackig ...

... lockend, rund und „knackig",
ganz entblößt zum Hochgenuss
liegt sie da – die Haselnuss.

Flugs, die Augen blitzend,
zart die Lippen spitzend,
hat den Kern die Frau erhascht
und ihr Mund ihn keck vernascht.

Weil er köstlich schmeckte,
sie den nächsten schleckte –
ganz erst, dann jedoch beflissen
hat sie ihn mit Lust zerbissen.

Dabei fühlt' und spürt' sie schon
eine Art von Explosion
und des Kernes Zellen
an den Gaumen schwellen.

Köstlich, wie das Nüsslein schmeckt,
welch' Nuancen sie entdeckt,
und bis hin zum kleinen Zeh
stärkt sein Vitamin sie: „E"

Nun ein wenig doch ermattet,
legt sie nieder sich, beschattet
von des Haselstrauches Dach,
bleibt ein wenig nur noch wach.

Doch alsbald schon schläft sie ein –
kuschelt sich ins Gras hinein. –
Reizvoll, rund und „knackig"
splitter-faser-nackig …

… träumt sie, wie sie munden müssen,
Schälchen, voll von Haselnüssen.
Wär' bei ihr doch nur ihr Mann
dass auch er sie knacken kann …

… und sie den Genuss entdeckten,
wenn sie sie gemeinsam schleckten.
Kurz darauf erwacht sie dann,
und sieh' da, da steht ihr Mann!

*****

Vive la Ruhr !

Wer Deutschland mal von oben sieht,
erkennt alsbald das Ruhrgebiet,
„woanders" gibt es „so was" nicht
wie hier die Städte – „dicht an dicht".
Inzwischen, früher „schöner Brauch",
verzog sich längst der schwarze Rauch,
bleibt Wäsche, draußen trocknend, „rein",
wird 's licht und hell bei Sonnenschein,
und selten nur noch, Gott sei Dank,
erfüllt die Luft Chemie-Gestank.
Und flög' man, wär' man leicht genug
am Himmel mit dem Vogelzug,
so ließen nur noch wenig Flächen
vom „Kohlenpott" den Flieger sprechen.
Denn zwischenzeitlich in der Tat
steht vieles Schöne hier parat.
Manch Shopping-Center lockt vor Ort,
zur Uni muss man weit nicht fort,
und auch als Hauptstadt der Kultur
errang man Ehren an der Ruhr.
Was einst den Fremdling irritierte,
die Art, in der man hier parlierte –
so findet der sie heute toll:

„Ja hömma!" „Wierklich!" „Äehrlich?"
„Woll!"
Und folglich steht des Textes Titel
für eine Art „Hommage–Kapitel".
So ändert sich ein Manches eben. –
„Wie sacht man hier? – So iss ett Leben!"

*****

Erfolgsrezepte

Jeder Mann (fast) will das Eine:
Süß sei eine Frau - und seine.
Trotzdem: Will er sie gewinnen
muss er 's schon gekonnt beginnen.

Mancher sucht mit Kraft zu protzen,
mancher, mächtig 'ran zu klotzen,
mancher bringt als Sexappeal
Geld und Gut und Gold ins Spiel.

Mancher startet den Versuch
und verfasst ein kluges Buch,
dass die Frau denkt: „Allerhand,
Mann, und dann noch mit Verstand!"
Mancher sucht mit Süßigkeiten
süße Freuden zu bereiten.
Mancher setzt Likör und Wein
für den Zweck als Mittel ein.

Mancher sucht ihr Sehen, Hören
durch die Künste zu betören.
Hämmert Steine, malt ein Bild,
gibt sich musikalisch wild.

Wer es mag, verfasst Gedichte,
nennt Rezepte, sei'n 's auch schlichte.
Und im Großen und im Ganzen
ist es hilfreich, man kann tanzen.

Mancher schenkt den Rehen Eicheln,
um bei ihr sich einzuschmeicheln,
liest ihr Wünsche von den Lippen,
um an diesen dann zu nippen.

Mal gelingt es, manches nicht,
manches erst auf lange Sicht.
Deshalb, will man reüssieren,
gilt der Leitspruch: „Ausprobieren!"

*****

Vive la France !

Frankreich ist ja wie bekannt
wunderschön im ganzen Land.
Sommers an der Côte d'Azur,
· blauer Himmel, Sonne « pur ».
Herrlich ist auch für « vacances »
weiter östlich die Provence;
Grasse, die Rhone und die Loire –
glücklich, wer auch dort schon war.

Perpignan ! Das Roussillon
toll die Landschaft, gleichfalls « bon ».
« Le champagne » – alles klar –
bester Schaumwein, wunderbar!
Gleichfalls lockt aus Allemagne
fort das Klima der Bretagne.
Caen, Le Havre, Giverny,
Claude Monet – die Normandie.

Stadt der Mode, voll Esprit,
« capitale d'amour » – Paris.
Metro, Oper, Tour Eiffel,
Louvre, Seine – erwähn' ich schnell.
Wollte man noch mehr beschreiben, …

… müssten wir noch Wochen bleiben.
Gerne noch erwähnt ich hätt'
eins jedoch: « Le cinq-à-sept » –
etwas, das man gern dort mag:
« Faire l'amour » – am Nachmittag –
„Schäferstündchen", zwei und mehr –
kürzer kaum: « Du moins deux heures ! »
 « Et je t'aime » – « la décadanse » –
Birkin, Gainsbourg. – « Vive la France ! »

*****